せいろで
日々
ごはん

のせて蒸すだけ、うまみがギュッと

中川たま

家の光協会

はじめに

わが家には年季が入ったせいろがいくつかあります。
ひとつは、直径16cmで2段のもの。
新婚旅行で訪れたハワイの雑貨店で買いました。
なので25年以上はたっています。
肉まんや蒸し野菜などを1人分ずつそのまま食卓へ出すのにちょうどいい大きさ。
残念ながらひとつ壊れてしまい、新たに買い足して使っています。
もうひとつは、10年ほど前に横浜の中華街で買った、直径27cmの大きな1段のもの。
同じ大きさのものを持っていたのですが、家族3人分にちょうどよく、
皿ごと蒸すときもこれくらい大きいほうが便利だったので、
同じサイズのものを買い足しました。
さらに最近、直径24cmのものも2段買いました。
3人そろっての食卓が減った最近のわが家には、このサイズがとても便利。
一般的には2～3人分の調理に向くとされていますが、1人分でも使えて、
家族みんなのときはもちろん、おもてなしのときにも活躍してくれます。

私が子どものころ、母が電子レンジで調理することを嫌っていて、
せいろや四角い蒸し器を使っていました。
その姿を見ていたからか、私もせいろをよく使っています。
せいろは、私の日常にずっとあるものだから、当たり前に使っていたけれど、
やっぱりせいろで作った料理はおいしく、温かく、
心にも体にもすーっと入ってくる気がします。

せいろで作る蒸し料理は、まんべんなく火が通り、栄養を逃がすことがないので、
素材の味がギュッと濃くなり、おいしく仕上がります。
野菜はもちろん、豆腐やごはんなども、蒸すだけで素材の持ち味が引き出されます。
また、せいろの中で調理できるので、火にかければあとは待つだけだし、
そのまま食卓にも出せて洗い物も減ります。
せいろを味方につければ、日々のごはんがぐんと楽しくなりそうです。

この本では、1日のシチュエーションごとに、
せいろの特長を生かした、私が大好きなレシピを紹介しています。
ぜひ、せいろのある日常を。

中川たま

CONTENTS

はじめに　2
せいろのいいところ　6
せいろのきほん　8
たまさん流 せいろの楽しみ方　10

PART 1
Breakfast

洋食セット 1
アボカドと卵のオープンサンド
ソーセージとにんじんマスタード　14

洋食セット 2
ハムチーズサンド　パン
蒸しりんご　アスパラエッグ　16

和食セット 1
れんこんとたらこ蒸し　温泉卵
オクラとわかめのおすまし　玄米おにぎり　18

和食セット 2
水菜と塩昆布の混ぜごはん
きのこと小松菜の梅和え　塩鮭　蒸し豆腐　20

中華セット 1
台湾サンドイッチ　鹹豆漿　22

中華セット 2
梨と白きくらげの糖水　蒸し青梗菜
あさりとレタスのおかゆ　24

PART 2
Lunch

担々トマト和えめん　28
さきいかとセロリ、しょうがの和えめん　30
野菜たっぷりビーフン　32
厚揚げのビビンバ　33
中華ちまき　34
青大豆と実山椒のおこわ風　36

3種の点心
豆乳花巻／豆乳肉まん／豆乳ごまあんまん　38

2種の蒸し鶏
中華蒸し鶏／ハーブチキン　42
アレンジメニュー
鶏肉飯／蒸し鶏の冷やしめん／
蒸し鶏とにんじんのラペ／
チキンときゅうりのサンドイッチ　43

PART 3
Dinner

豚バラ肉とズッキーニの重ね蒸し
　梅だれ添え　48
塩漬けポッサム
　メープルみそだれ添え　49
ジャンボつくね　52
ほたてシューマイ　54
鶏手羽元とかぶの豆豉蒸し　56
牛肉とせん切り野菜の蒸ししゃぶ
　ごまポン酢だれとすき焼き風たれ添え　59
お刺身の香味野菜巻き蒸し
　ゆず塩麹だれ添え　59
白身魚とトマトのハーブ蒸し　62
サーモンときのこのレモンバター蒸し　63
さばの梅みそ蒸し　66
えびの蒸し春巻き　67
チーズフォンデュ　68

○この本のお約束
・本書では直径24cmのせいろを使用しています。
・蒸し時間は目安です。竹串を刺すなどして、中まで
　火が通ったかどうか確認し、まだの場合は様子をみ
　て蒸し時間を長くしてください。
・やけどには十分気をつけてください。
・計量単位は1カップ＝200mℓ、大さじ1＝15mℓ、
　小さじ1＝5mℓです。
・食材を洗う、野菜の皮をむく、ヘタや種を取るなど、
　基本的な下ごしらえは作り方から省いています。適
　宜行ってください。

PART 4
Side dishes

あおさとなめこの大きな茶碗蒸し　72
ホット白和え　73
ニース風ポテトサラダ　76
蒸し大豆のサラダ　77
里いものピュレ　80
さつまいもとベーコンの
　ハニーマスタードサラダ　80
カリフラワーの豆乳マヨネーズがけ　81
ビーツのタルタル　81
たたきごぼうのおかか蒸し　84
蒸しなすの香味だれ　84
クミンかぼちゃ　85
セロリとしらすのナムル　85
切り干し大根のアラビアータ　88
ヤムウンセン　89

COLUMN
Teatime

米粉のマーラーカオ　90
オートミールチョコ蒸しパン　92
クラシックプリン　94

せいろのいいところ

昔から使われてきた調理道具・せいろには、たくさんの魅力があります。
おいしくでき上がるだけでなく、ヘルシーで、調理もラク。
やさしい湯気は、忙しい毎日を癒やしてくれる力もあると思うのです。

1

食材のおいしさを
最大限に引き出してくれる

せいろでの調理は、食材に蒸気でやさしく火を通すもの。食材のうまみをしっかり引き出してくれるうえ、栄養も逃がしません。野菜は本来の甘みが出て、肉や魚はしっとりとして風味が増し、ごはんやパンはふっくらと。「あれ、こんなにおいしかったっけ？」と蒸しマジックに驚くこともしばしばです。

2

油少なめでヘルシー。
ダイエットにも大活躍

揚げたり炒めたりする調理法に比べて、油の使用量が格段に少ないのも、蒸し料理のいいところ。野菜を蒸せばかさが減り、たっぷりと食べられます。肉は脂が落ちて、それだけでカロリーオフ。おいしく続けられるから、健康的なダイエットにもおすすめです。

3

ほったらかしで、
調理がラク

蒸気の上がる鍋に、食材を入れたせいろをのせタイマーをかければ、あとはほったらかしでOK。せいろって、本格料理に使うものと思われがちですが、実は忙しい人やめんどくさがり屋の人にぴったりな道具なのです。ただ、空だきは怖いので、水の量には気をつけましょう。

4

失敗しらず。
初心者でもおいしく作れる

せいろ料理はとてもおおらか。調理のテクニックが必要なく、焦げることもないので、料理初心者の方にもぜひ使ってほしいと思います。食材に熱がまんべんなく回るので、実は電子レンジ調理より失敗が少ないかも。

5

同時に
何品も作れる

たとえば朝食などは、野菜と卵、パンやごはんを一緒に蒸して。忙しい朝に役立つ、せいろの使い方です。おもてなしの際などには、せいろを2段使って下にお肉、上に魚の料理を。一度に何品も作れるのもせいろの魅力です。

6

湯気までおいしい、
気分も上がる！

ふたを開けたときにこぼれる湯気がもうごちそうです。天然素材の木の香りやぬくもりは、いつもの食事をより豊かにしてくれるはず。せいろごと食卓に運べば、気分も上がります。

せいろのきほん

せいろの扱いは難しくありません。調理は3ステップで、お手入れも簡単。
ライフスタイルに合わせて、マイせいろを手に入れたら、長く楽しみたいですね。

○きほんの使い方

本書では、下ごしらえ、蒸す、仕上げの3ステップでレシピを紹介しています。
蒸したらでき上がりのものは2ステップで作ることができます。

---

1 下ごしらえ

材料を切ったり、下味をつけたり、せいろに入れる前の準備をします。

2 蒸す

鍋に湯を沸かします。料理によって、せいろにクッキングシートを敷いたり、耐熱容器を使ったりして、材料を入れます。沸騰して湯気が上がったところで、ふたをしたせいろをセットして蒸します。

---

3 仕上げ

蒸し上がったら、調味料を混ぜたり、彩りの野菜を加えたり、たれをつけたりして食べます。

○せいろのサイズと素材

一般的に直径15〜18cmが1人用、21〜24cmが2〜3人用とされています。本書ではおもに1〜2人分のレシピを紹介していますが、器を入れて蒸しやすい直径24cmのものを使っています。素材は杉、竹、白木、ひのきなど。素材によって価格や耐久年数、香りが違います。杉がいちばん手頃で、ひのきが比較的高価です。この本では竹のものを使っています。

家族構成や予算に合わせて、自分に合うものを。2段あると一度に作れるものが増えて楽しい。

○せいろに敷くもの

汁が出ず、油分も少ない野菜などはそのままみせいろに入れて蒸します。くっつきやすかったり、油分があったり、汁を素材に染み込ませたいものはクッキングシートを、肉の余分な脂や、蒸し汁を落としたいものは穴あきクッキングシートを敷きます。茶碗蒸しや汁が多めの煮ものなど器ごと食卓に出したいものは、耐熱容器に入れて蒸します。

クッキングシートはオーブン用でOK。穴あきクッキングシートはさまざまなものが市販されています。

○お手入れ

新品のものは、食材を入れず、せいろだけで15分ほど蒸すと、汚れや新品特有のにおいが取れます。ふだんのお手入れは、ぬらしてしっかり絞ったふきんでふくだけで十分。よっぽど汚れてしまったときだけ、洗剤をつけて洗います。長時間水につけたり、ぬれたまま放っておくのはだめですが、乾いた状態を心がければ、簡単にはカビません。

ふくだけだから、後片づけもラクちんです。

○収納場所

換気扇の上がわが家のせいろの定位置。風通しがいいうえ、ほぼ毎日使うので、取り出しやすく便利です。見た目もかわいいので、ぜひしまい込まず、手に取りやすい場所に置いてください。シンクの下は湿気があるのでおすすめしません。

並びにはかごやざるも。さっと取り出せる場所がここでした。

○便利グッズ

せいろがちょうどのるサイズの鍋があれば必要ありませんが、ない場合、便利なのが蒸し板。サイズもいろいろあるので、手持ちの鍋に合わせて選べます。また、器ごと蒸したあと、熱々の器を取り出すのに重宝するのが蒸し物用トング。器の下に布を入れて取り出す方法もありますが、このトングがあるとやけど予防になり、とても便利です。

蒸し板があるとせいろが安定します。焦がしたりすることもありません。

これが蒸し物用トング。さまざまなメーカーのものがあります。

たまさん流 せいろの楽しみ方

長いせいろ生活のなかで、さまざまな使い方をして楽しんできました。
そのときどきで、せいろに助けられ、ますますいとおしさを感じます。
そんな私の暮らしには欠かせない、せいろの使い方をご紹介します。

豆腐、卵、パン……
食材のおいしさ再発見！

お酒を替えて、
いろいろ酒蒸し

いつもの食材を蒸すだけで食感が変わり、味わいもギュッと濃くなるのに驚きます。
たとえば豆腐。なんともいえないムチムチとした食感は軽くおしょうゆをたらすだけで、立派なおかずに。私はごはんにのせて食べるのが好きです。
卵は蒸し卵にすると、ゆで卵とはまた違った濃い味わい。パンはトーストもいいけれど、蒸すとやわらか、もちもちの食感に。
意外なところでは、ライスペーパー。生春巻きを蒸してみると、とろりとした不思議な食感がやみつきになります。
いつもはゆでたり、焼いたりして食べていたものを蒸してみると、新しい味の世界が広がります。

蒸すときにお酒をたらすと、肉や魚介の臭みが消え、風味がぐんと増します。いわゆる「酒蒸し」ですが、このお酒を替えるだけで、簡単に違ったテイストのお料理に仕上げることができます。
定番の日本酒で肉や魚を蒸して、ポン酢しょうゆや梅だれでいただけば、さっぱりとした和食に。
日本酒を白ワインに替え、ハーブと一緒に蒸せば、ぐっと洋風の味わいに。オリーブオイルを回しかけ、レモンを搾れば、おしゃれなひと皿の完成です。
たまには中華風も。紹興酒をたらし、ねぎやしょうがと蒸すと中華風に仕上がります。ごま油やオイスターソースがよく合います。同じ食材でも、気分に合わせて違う味を気楽に楽しんでいます。

おもてなしにも おすすめ

ちょっとずつおかずが必要な お弁当作りにも

簡単なのに豪華に見えるのも、せいろ料理のいいところ。テーブルでふたを開ければ、湯気が広がり、みんなが喜んでくれます。

定番のシューマイや点心もいいですが、急なお客さまなら、しゃぶしゃぶ肉を蒸すだけの蒸ししゃぶやお刺身を使った香味野菜巻き蒸し（p.59）などがおすすめです。2段蒸しでお出しすれば、なかなかのごちそう感！

ワインを楽しむなら、チーズフォンデュ（p.68）もいいですね。こちらも野菜やパン、ソーセージを入れて、チーズと一緒に蒸すだけの簡単なレシピですが、色のきれいな野菜を使えば、華やかなおもてなし料理になります。

娘のお弁当作りをしていたときは、本当にせいろにお世話になりました。

野菜や卵、残しておいた夕飯のおかずなどを、まとめてせいろでさっと蒸せば、お弁当に入れるおかずを一度に作ることができます。彩りにほんのひと房入れたいブロッコリーやにんじんなど、ひとつひとつを作る手間が省け、蒸している間はほかの朝の支度もできて、いいことずくめ。さらに油で汚れたフライパンなどを洗う必要もなく、毎日のお弁当作りのストレスを軽減してくれる頼もしい相棒でした。

今はお弁当作りから卒業しましたが、忙しい方にぜひおすすめしたい、せいろ使いのアイデアです。

PART 1 Breakfast

朝からごはんが上手に作れて、おいしくいただければ、今日1日がよい日になりそう。
毎日そうでありたい。
1日の始まりは楽しみだけど早起きは苦手、朝はバタバタとせわしない。
そんな朝こそ、せいろを味方につけられたら。
せいろに食材を入れてお任せすれば、栄養を逃がさず
バランスのいい朝食ができ上がります。
洗い物も減るし、そのまま食卓に出せるのもよし。1日のスタートにもってこい。

蒸し時間　6分　　　　　　　〈せいろに敷くもの〉穴あきクッキングシート

アボカドと卵のオープンサンド ソーセージとにんじんマスタード

私のお気に入りの朝ごはんセットです。
パンも野菜もタンパク質も、全部一緒にせいろに入れて蒸すだけ。
カンパーニュなどハード系のパンも蒸すと焼くのとはひと味違う、
ふかふか、もちもちの食感が楽しめます。

材料　1人分

A
- パン（カンパーニュ）… 1枚
- アボカド … 1/2個
- 卵 … 1個
- ソーセージ … 1本
- にんじん（薄い輪切り）… 4枚

レモン汁 … 小さじ1
塩 … ひとつまみ
粒マスタード、アーモンド（無塩）、
　オリーブオイル … 各適量
塩、こしょう、ディル … 各少々

下ごしらえ
Aの卵はクッキングシートで包む。

蒸す
せいろに穴あきクッキングシートを敷き、Aを入れ、中火で6分蒸す。

仕上げ
アボカドは皮を取り、フォークで粗めにつぶし⒜、レモン汁、塩を混ぜる。卵は殻をむき、半分に切る。にんじんはつぶして、粒マスタードと混ぜる。
器にパンを盛り、アボカド、卵をのせる。粗く刻んだアーモンドを散らし、オリーブオイルを回しかける。塩、こしょうをふり、ディルを散らす。にんじんマスタードを添え、ソーセージをのせる。

MEMO
卵は冷蔵庫から出したての冷たいものを蒸すと、6分で写真のようなやや かための半熟に仕上がります。好みで蒸し時間を調整してください。

PART 1　15

Breakfast 洋食セット2

蒸し時間　上段5分／下段5分　〈せいろに敷くもの〉穴あきクッキングシート

ハムチーズサンド　パン
蒸しりんご　アスパラエッグ

せいろが2個あれば、上段にパンとフルーツ、
下段に卵と野菜のおかずを入れて蒸すことができます。
なければ1個ずつ蒸しても、もちろんOK。
アスパラガスは蒸すと甘く、スクランブルエッグがソース代わりに。

上段／ハムチーズサンド、パン、蒸しりんご

材料　2人分
イングリッシュマフィン … 1個
パン（カンパーニュ）… 1枚
ハム … 1枚
カマンベールチーズ（薄切りにする）… 1/2個
バジルの葉 … 4枚
りんご … 1/4個

下ごしらえ
イングリッシュマフィンは横半分に切り、ハム、チーズ、バジルを挟む。カンパーニュは半分に切る。りんごは皮つきのまま4等分にする。

蒸す
せいろに穴あきクッキングシートを敷き、サンドイッチとパン、りんごを入れ、中火で5分蒸す。

下段／アスパラエッグ

材料　2人分
グリーンアスパラガス … 5〜6本
A ┌ 卵 … 2個
　├ 牛乳 … 大さじ1
　├ バター … 10g
　└ 塩 … 小さじ1/4
こしょう … 少々

下ごしらえ
アスパラガスは根元を1cmほど切り落とし、皮を3cmほどピーラーでむく。Aの卵は耐熱容器に割り入れて残りのAを加え、よく混ぜ合わせる。

蒸す
せいろに穴あきクッキングシートを敷き、アスパラガスと耐熱容器に入れたAを入れ、中火で5分蒸す。卵をかき混ぜて、スクランブルエッグにする ⓐ。

仕上げ
器にアスパラガスを盛り、スクランブルエッグをのせてこしょうをふる。

MEMO
スクランブルエッグは余熱で火を入れて好みのかたさにしてください。アスパラガスも様子をみながら、やわらかくなるまで蒸しましょう。

PART 1 17

Breakfast 和食セット1

蒸し時間　5分　　　　〈せいろに敷くもの〉カットしたクッキングシート

れんこんとたらこ蒸し　温泉卵
オクラとわかめのおすまし　玄米おにぎり

1人でもバランスよく食べたい朝に。
食材を少しずつ小皿に入れて蒸すだけ。
同時にできて、温かいうちにそのまま食卓へ。
朝ごはんの時間が違う家族には、いつでも蒸せるようにセットしておくと便利です。

材料　1人分
○れんこんとたらこ蒸し
　れんこん … 30g
　たらこ … 10g
　みょうが … 1/2個

○温泉卵
　卵 … 1個
　だしじょうゆ、かつおぶし … 各少々

○オクラとわかめのおすまし
　オクラ … 1本
　わかめ（乾燥）… ひとつまみ
　だし汁 … 1/2カップ
　薄口しょうゆ … 少々

○玄米おにぎり
　玄米ごはん … 茶碗1杯

下ごしらえ
○れんこんとたらこ蒸し
　器に薄切りにしたれんこんを入れ、たらこをのせる。
○温泉卵
　器に卵を割り入れ、水をひたひたに入れる。
○オクラとわかめのおすまし
　器に薄切りにしたオクラと残りの材料を入れる。
○玄米ごはん
　おにぎりにする。

蒸す
せいろにカットしたクッキングシートを敷き、おにぎりをのせる。ほかの器も入れ、中火で5分蒸す。

仕上げ
○れんこんとたらこ蒸し
　斜め薄切りにしたみょうがを加えて混ぜる。
○温泉卵
　汁けを捨てて⒜、だしじょうゆとかつおぶしをかける。

MEMO
温泉卵の汁けを捨てるときは、熱いので気をつけて。おにぎりは寝かせ玄米を使いましたが、お好みのものでどうぞ。冷凍おにぎりでも大丈夫です。その場合は先におにぎりを5分ほど蒸してから、ほかのものをせいろに入れて。

ⓐ

PART 1 19

蒸し時間　5分　　　　　　　　〈せいろに敷くもの〉穴あきクッキングシート

水菜と塩昆布の混ぜごはん
きのこと小松菜の梅和え　塩鮭　蒸し豆腐

蒸すと食材の味が濃くなり食感も変わります。
塩鮭は、焼くとかために仕上がりますが、蒸すとふんわり。
豆腐は、うまみが深くなりぎゅっと。
ごはんももっちり粒が立ちます。野菜の栄養も逃げません。

材料　1人分
○水菜と塩昆布の混ぜごはん
　　ごはん … 茶碗1杯
　　水菜 … 1株
　　塩昆布 … ひとつまみ
　　白いりごま … 少々

○きのこと小松菜の梅和え
　　しめじ … 6本
　　小松菜（小さめのもの）… 1株
　　練り梅 … 小さじ1
　　かつおぶし … ひとつまみ

○塩鮭
　　塩鮭 … 1切れ

○蒸し豆腐
　　絹ごし豆腐 … 1/4丁

下ごしらえ
○水菜と塩昆布の混ぜごはん
　クッキングシートの上にごはんをのせ、食べやすい大きさに切った水菜、塩昆布をのせ、ごまをふる。
○きのこと小松菜の梅和え
　小松菜を3cm長さに切る。
○蒸し豆腐
　豆腐を器に入れる。

蒸す
せいろに穴あきクッキングシートを敷き、すべてを入れて、中火で5分蒸す ⓐ 。

仕上げ
○水菜と塩昆布の混ぜごはん
　よく混ぜ合わせる。
○きのこと小松菜の梅和え
　練り梅、かつおぶしを加えて和える。
○蒸し豆腐
　しょうゆ適量（分量外）をかける。

MEMO
ごはんは冷凍ごはんを使っても。その場合は先にごはんを5分ほど蒸します。蒸し豆腐は木綿豆腐でも。絹ごし豆腐よりムチムチとした食感に。

PART 1   21

蒸し時間　上段3分／下段8分　　〈せいろに敷くもの〉なし

台湾サンドイッチ
鹹豆漿（シェントウジャン）

ピーナッツバターの甘みにチーズの塩味を合わせた
甘じょっぱく、薄い中身が台湾らしいふわふわのサンドイッチ。
器に豆乳と、だしが出そうな具材を入れて蒸せば
台湾の定番朝ごはん、鹹豆漿に。

上段／台湾サンドイッチ

材料　1人分
食パン（8枚切り）… 2枚
ピーナッツバター（加糖）… 大さじ1
スライスチーズ… 1枚

下ごしらえ
食パン1枚にピーナッツバターを塗り、チーズをのせ、もう1枚の食パンで挟む。耳を落として、4等分の三角形に切る。

蒸す
せいろに入れ、中火で3分蒸す。

下段／鹹豆漿

材料　1人分
A ┤
　豆乳（無調整）… 1カップ
　まいたけ（軽くほぐす）… 10g
　桜えび… ふたつまみ
　ザーサイの粗みじん切り… 小さじ1
　黒酢または米酢… 小さじ2
　しょうゆ… 小さじ1
小ねぎの小口切り、香菜（シャンツァイ）… 各適量
ラー油（お好みで）… 少々

下ごしらえ
器にAの材料を入れて、さっとかき混ぜる。

蒸す
せいろに器ごと入れ、中火で8分蒸す。

仕上げ
小ねぎ、ざく切りにした香菜をのせる。お好みでラー油をたらす。

MEMO

せいろが2個ない場合は1個ずつ蒸してください。2個ある場合は、鹹豆漿を入れたせいろを先に5分蒸してから、サンドイッチを入れたせいろを上にのせて3分蒸すと同時に仕上がります。

PART 1 23

蒸し時間　上段1分＋4分／下段15分＋1分〈せいろに敷くもの〉なし

梨と白きくらげの糖水　蒸し青梗菜
あさりとレタスのおかゆ

おかゆもわが家ではよく食べる朝ごはんです。
あさりとごはんと水を一緒に蒸すだけで、あさりのうまみがきいた
おかゆができます。せん切りのしょうがとレタスがアクセントに。
デザートには栄養価の高い白きくらげを使って、さっぱりとした糖水を。

上段／梨と白きくらげの糖水　蒸し青梗菜

材料　1人分
○梨と白きくらげの糖水
洋梨または和梨 … 1/8個
白きくらげ（乾燥） … 2g
クコの実 … 2個
A ［ 水 … 80ml
　　レモン汁、はちみつ … 各小さじ1

○蒸し青梗菜
青梗菜 … 1株
B ［ オイスターソース、しょうゆ
　　　… 各小さじ1/3

下ごしらえ
○梨と白きくらげの糖水
梨は皮をむいて、薄切りにする。器に梨、白きくらげ、クコの実、Aを入れる。
○蒸し青梗菜
青梗菜は縦半分に切る。

蒸す
せいろに糖水の器と青梗菜を入れ、中火で1分蒸し、青梗菜を取り出し、さらに4分蒸す。

仕上げ
○蒸し青梗菜
青梗菜を器に盛り、混ぜ合わせたBをかける。

MEMO
せいろが2個ある場合は、先におかゆを10分蒸してから、時間差で糖水と青梗菜を入れたせいろをのせ、合計5分蒸します。全部で15分蒸したら、上段は外し、おかゆに材料を追加すると、スムーズに調理できます。せいろが1個しかない場合は、おかゆをあとに蒸したほうが熱々を食べられます。糖水は冷たくしてもおいしい。

下段／あさりとレタスのおかゆ

材料　1人分
あさり（砂抜きしたもの） … 6個
レタス … 1枚
ごはん … 茶碗1/2杯
しょうがのせん切り … 適量
ごま油、塩 … 各少々

下ごしらえ
器にごはん、水180ml、よく洗ったあさり、しょうがを入れる。レタスは細切りにする。

蒸す
せいろに器ごと入れ、中火で15分蒸す。レタスを加え、ごま油を回しかけて、さらに1分蒸す。

仕上げ
塩で味をととのえる。

PART 2　Lunch

しっかり食べたいけれど、調理はささっと済ませたいお昼ごはん。
せいろはそんなときにも活躍します。
材料と調味料を入れて蒸すだけの和えめんや、
作ってストックしておくとうれしいごはんものや点心。
蒸し鶏はアレンジしやすく、しっかりタンパク質をとりたいときにも重宝します。
どれもきっとお昼ごはんの助けになります。

蒸し時間　5分

〈せいろに敷くもの〉クッキングシート

担々トマト和えめん

せいろはめん料理もお手のもの。すべての材料を入れて5分蒸すだけ。
ひき肉を使えばうまみが出やすく、火の通りも早くなります。
豚ひき肉と調味料をあらかじめ混ぜておくとほぐしやすく、豆板醤も加えて
味のメリハリを。蒸したトマトの酸味でさっぱりといただけます。

材料　1人分
豚ひき肉 … 50g
A [豆板醤(トウバンジャン) … 小さじ1/2
　　酒、しょうゆ … 各小さじ2]
ミディトマト … 2個
焼きそば用蒸しめん … 1玉
ごま油 … 小さじ1
香菜(シャンツァイ) … 適量
花椒(ホワジャオ) … 少々

下ごしらえ
ボウルにひき肉を入れ、Aを加えて混ぜ合わせる。
ミディトマトは一口大に切る。

蒸す
せいろにクッキングシートを敷き、めんを入れて
ほぐす。ミディトマト、ひき肉をのせて、肉に火
が通るまで中火で5分蒸す。

仕上げ
ごま油をかけⓐ、よく混ぜ合わせる。器に盛り、
香菜をのせて花椒をふる。

ⓐ

MEMO
めんが固まってほぐしにくい場合は、
先にめんを軽く蒸すとほぐしやすく
なります。

蒸し時間　5分　　　　　　　　　　〈せいろに敷くもの〉クッキングシート

さきいかとセロリ、しょうがの和えめん

オイスターソース味の和えめんに、
セロリの食感としょうが風味を合わせました。
細く裂いたさきいかを一緒に蒸すことでうまみが全体に行き渡ります。
めんはこしのある細めんタイプが相性がよく、おすすめです。

材料　1人分
さきいか … 10g
セロリ … 1/4本
しょうが … 1/2片
焼きそば用蒸しめん（細めん）… 1玉
オイスターソース … 小さじ2
ごま油 … 小さじ1

下ごしらえ
さきいかは、細く裂く。セロリは細切り、しょうがはせん切りにする。

蒸す
せいろにクッキングシートを敷き、めんを入れてオイスターソースを回しかけ、よく混ぜ合わせる ⓐ。さきいかとセロリ、しょうがをのせて中火で5分蒸す。

仕上げ
ごま油を回しかけてよく混ぜ合わせる。

ⓐ

蒸し時間　6分

〈せいろに敷くもの〉クッキングシート

野菜たっぷりビーフン

蒸すと炒めるよりも油が少なくて済むので、あっさりと食べられます。
野菜は甘み、うまみの出やすいものを数種類組み合わせるのがおすすめ。
蒸すことでビーフンに具材のおいしさが染み渡ります。

材料 1人分
- ビーフン（乾燥）… 35g
- 豚バラ薄切り肉 … 3枚
- A ┌ しょうゆ、オイスターソース、
  └ 酒 … 各小さじ1
- キャベツ … 1枚
- 玉ねぎ … 1/8個
- 生しいたけ … 1個
- パプリカ（赤）… 1/8個
- 塩 … 少々
- ごま油 … 小さじ1

下ごしらえ
ビーフンは水に15分つけてもどす。豚肉は食べやすい大きさに切り、Aと混ぜ合わせる。キャベツは一口大に切り、玉ねぎはくし形切り、しいたけは薄切り、パプリカは細切りにする。

蒸す
せいろにクッキングシートを敷き、ビーフン、野菜、豚肉の順にのせる。中火で6分蒸す。

仕上げ
塩で味をととのえ、ごま油を加えてよく混ぜる。

蒸し時間　4分＋1分半　　　　　　　　　〈せいろに敷くもの〉なし

厚揚げのビビンバ

厚揚げはコクが出て、タンパク質もとれる食材なので、最近では
お肉の代わりに食べることが多くなりました。ナムルは1種類ずつ作るのではなく
まとめて作るので、思い立ったらさっとできるビビンバです。

材料　1人分
厚揚げ … 1/8枚
にんじん … 1/8本
春菊 … 2～3本
豆もやし … 15本
A ┌ しょうがのすりおろし … 小さじ1/2
　├ ごま油 … 大さじ1
　└ しょうゆ … 小さじ1
ごはん … 茶碗1杯
卵 … 1個
白いりごま … 少々
コチュジャン（お好みで）… 適量

下ごしらえ
厚揚げは短冊切り、にんじんは細切りにし、春菊
は3cm長さに切る。豆もやしはひげ根を取る。厚
揚げと野菜をボウルに入れ、Aを加えて混ぜる。
器にごはんを入れて、具材をのせる。

蒸す
せいろに器ごと入れ、中火で4分蒸す。
真ん中を少しくぼませて卵を割り入れ、さらに、
1分半蒸す。

仕上げ
ごまをふり、お好みでコチュジャンを添える。

蒸し時間　20分　　　　　　　　　　　〈せいろに敷くもの〉なし

中華ちまき

中華ちまきはお義母さんの得意料理で、よく作ってくれた思い出の味。
お義母さんのように上手には、まだまだ頑張らないと作れませんが
冷凍しておくと、蒸し直してささっと食べられるので重宝します。
具だくさんで満足感のある、ストックしておきたいごはんです。

材料　6個分
もち米…1合
干ししいたけ…2枚
干しえび…5g
鶏もも肉（皮なし）…1/2枚（100g）
ごま油…大さじ1
A [酒、しょうゆ、みりん、
　　オイスターソース…各大さじ1
うずらの卵の水煮…6個
竹の皮（小さめのもの）…6枚

下ごしらえ
1　もち米は8時間ほど水につけておく。干ししいたけと干しえびは1カップの水につけてもどす。もどし汁はとっておく。干ししいたけ、鶏肉は2cm角に切る。竹の皮は水につける。

2　フライパンにごま油を熱して、鶏肉を中火で炒める。だいたい火が通ったら、Aを加えて混ぜ合わせる。水けをきったもち米、干ししいたけ、干しえび、もどし汁を加え、汁けがなくなるまで煮詰める ⓐ。

3　竹の皮の水けをふき、薄くごま油（分量外）を塗る。端をくるっと丸めて三角形のポケットを作り、2とうずらの卵を1個ずつ入れて三角形になるように包み、包み終わりの端を皮の中に入れ込む ⓑ〜ⓓ。

蒸す
せいろに並べ、中火で20分蒸す。

MEMO
できたてもおいしいですが、冷めるとよりもちもち感が増します。蒸したものは冷凍で2カ月保存可。冷凍のまま10分ほど蒸し直せば、できたてのおいしさが楽しめます。

PART 2   35

蒸し時間　25分／蒸らし時間　10分　〈せいろに敷くもの〉クッキングシート

青大豆と実山椒のおこわ風

ひたし豆をよく作るわが家では、青大豆を常備しています。
もち米がないとき、白米におもちを入れて炊いたら
お米の粒を感じながらも、もっちりとしたおこわのようになりました。
おいしくて、以来、この作り方に。

材料　作りやすい分量
青大豆 … 50g
米 … 2合
昆布 … 10cm四方1枚
切りもち … 1個
酒 … 大さじ1
実山椒の塩漬け … 15g

下ごしらえ
青大豆は6時間ほどたっぷりの水につけて、ふっくらとなるまでもどす ⓐ。米は洗ってとぎ、水に30分ほどつける。昆布は1と1/2カップの水につける。切りもちは8等分に切る。

蒸す
せいろにクッキングシートを敷き、昆布と昆布水を入れる。水けをきった米と青大豆、切りもち ⓑ、酒を加え、さっと混ぜ合わせる。中火で25分、青大豆がやわらかくなるまで蒸す。

仕上げ
昆布を取り、実山椒を加えてさっと混ぜ合わせ、10分蒸らす。

MEMO

切りもちを加えることで、もち米がなくても、もちもちとしたおこわ風に。青大豆の代わりに大豆で作ってもおいしい。

38　Lunch

せいろのふたを開ける瞬間のワクワク感、
開けたときの湯気が立ち込める景色がもうごちそうです。
ベーキングパウダーと豆乳を使用した生地がベースなので、
寝かせ時間が短く、思い立ったらすぐに作りやすいレシピです。

PART 2　39

豆乳花巻　豆乳肉まん　豆乳ごまあんまん　　Recipe p.40-41

3種の点心 基本の生地

材料　4個分

A ┌ 薄力粉 … 150g
　├ きび砂糖 … 大さじ1と1/2
　├ ベーキングパウダー … 大さじ1/2
　└ 塩 … ひとつまみ
豆乳（無調整）… 80㎖
米油 … 小さじ1

下ごしらえ

1　ボウルにAを入れてさっと混ぜ、豆乳を加えてこねる ⓐ。

2　ひとまとまりになったら米油を加え ⓑ、なめらかになるまで2〜3分こねる。

3　ラップをして20分ほど寝かせる ⓒ。

蒸し時間　8分　豆乳花巻

〈せいろに敷くもの〉カットしたクッキングシート

材料　4個分

基本の生地 … 全量
ごま油 … 大さじ1

下ごしらえ

生地をクッキングシートの上で横20×縦15cmにのばし ⓓ、ごま油を全体に塗る。手前から巻いていき ⓔ、4等分に切る ⓕ。

蒸す

せいろにカットしたクッキングシートを敷き、花巻をのせ、中火で8分蒸す。

MEMO

同じ生地なので、いろいろな種類を作っても楽しい。
生地をのばすときに使ったクッキングシートをカットして、蒸すときに使います。
豆乳花巻、豆乳肉まん、豆乳ごまあんまんは蒸したものを1個ずつラップで包み、冷凍できます。3週間保存可。食べるときはラップを外し、冷凍のまま10分間蒸します。

PART 2　41

蒸し時間　10分　豆乳肉まん

〈せいろに敷くもの〉カットしたクッキングシート

材料　4個分
基本の生地 … 全量
肉あん
　豚ひき肉 … 120g
　干ししいたけ … 小2枚
　玉ねぎ … 1/12個
　片栗粉 … 大さじ1
　しょうがのみじん切り … 小さじ1/2
　オイスターソース、酒、ごま油 … 各大さじ2/3
　しょうゆ … 小さじ1
　こしょう … 少々

下ごしらえ
1　干ししいたけはぬるま湯につけてもどし、水けを絞って粗みじん切りにする。玉ねぎは粗みじん切りにし、片栗粉をまぶす。ボウルに肉あんの材料をすべて入れてよく練り⑧、4等分にする。

2　生地を4等分にして丸め、クッキングシートの上で直径12cmの円形にのばす。

3　肉あんを中心に置き、ひだを作りながら包み⑪、最後にぎゅっとひねって閉じる⑫。同様に全部で4個作る。

蒸す
せいろにカットしたクッキングシートを敷き、肉まんをのせ、中火で10分蒸す。

蒸し時間　8分　豆乳ごまあんまん

〈せいろに敷くもの〉カットしたクッキングシート

材料　4個分
基本の生地 … 全量
こしあん … 120g
黒練りごま … 大さじ1
黒いりごま … 適量

下ごしらえ
1　ボウルにこしあんと練りごまを入れ、よく混ぜ合わせる。4等分にして丸める。

2　生地を4等分にして丸め、クッキングシートの上で直径12cmの円形にのばす⑬。

3　ごまあんを中心に置いて包み⑭、最後にぎゅっとひねって閉じる。上下を返して形を整え⑮、上にごまをのせる。同様に全部で4個作る。

蒸す
せいろにカットしたクッキングシートを敷き、あんまんをのせ、中火で8分蒸す。

中華蒸し鶏　　Recipe p.44

ハーブチキン　　Recipe p.44

PART 2   43

鶏肉飯   Recipe p.45

蒸し鶏の冷やしめん   Recipe p.45

蒸し鶏とにんじんのラペ   Recipe p.45

チキンときゅうりのサンドイッチ   Recipe p.45

Lunch

蒸し時間　15分　　〈せいろに敷くもの〉クッキングシート

2種の蒸し鶏
中華蒸し鶏　ハーブチキン

塩麹をもみ込んだむね肉で作った蒸し鶏は、
しっとりやわらかく、アレンジしやすい作りおきです。
しょうが、長ねぎと蒸した中華風、ハーブと蒸した洋風で
さらにバリエーションを。蒸し汁もおいしい調味料に。

中華蒸し鶏

材料　作りやすい分量
鶏むね肉 … 1枚（250g）
塩麹 … 大さじ1/2
しょうが … 1片
長ねぎ … 1/2本
酒 … 大さじ1

下ごしらえ
鶏むね肉に切り込みを入れて、厚みを均等にする ⓐ。塩麹をまんべんなくまぶし ⓑ、15分おく。しょうがはせん切りにし、長ねぎは細切りにする。

蒸す
せいろにクッキングシートを敷き、しょうがとねぎの半量を広げる。鶏むね肉をのせ、残りのしょうがとねぎをのせ、酒を回しかける。中火で15分、火が通るまで蒸す。

ハーブチキン

材料　作りやすい分量
鶏むね肉 … 1枚（250g）
塩麹 … 大さじ1/2
ローズマリー … 2枝
ローリエ … 2枚
イタリアンパセリ … 4本
白ワイン … 大さじ1

下ごしらえ
鶏むね肉に切り込みを入れて、厚みを均等にする ⓐ。塩麹をまんべんなくまぶし ⓑ、15分おく。

蒸す
せいろにクッキングシートを敷き、ハーブの半量を広げる。鶏むね肉をのせ、残りのハーブをのせ、白ワインを回しかける。中火で15分、火が通るまで蒸す。

MEMO

作りおきできます。蒸し汁ごと保存容器に入れ、冷蔵庫で2〜3日間保存可。

アレンジメニュー

中華蒸し鶏　アレンジ1
鶏肉飯
ジー　ロー　ハン

材料　1人分
中華蒸し鶏（ほぐす）… 1/4枚
ごはん … 茶碗1杯
半熟蒸し卵（半分に切る）… 1個
高菜漬け … 適量
A ┌ ごま油 … 大さじ1/2
　│ しょうゆ … 小さじ1/2
　│ 一緒に蒸した長ねぎ、
　│ 　しょうが（みじん切り）、蒸し汁
　└ 　… 各適量

作り方
器にごはんを盛り、蒸し鶏、蒸し卵、高菜漬けをのせ、混ぜ合わせたAをかける。

中華蒸し鶏　アレンジ2
蒸し鶏の冷やしめん

材料　1人分
中華蒸し鶏（一口大に切る）… 1/4枚
中華めん … 1玉
クレソン（3cm長さに切る）… 適量
A ┌ しょうゆ、米酢、白すりごま、きび砂糖、
　│ 　ごま油 … 各小さじ1
　│ 一緒に蒸したねぎ、しょうが、蒸し汁
　│ 　… 各適量
　└ 粉山椒 … 少々

作り方
1　めんを袋の表示時間どおりにゆで、冷水にさらす。
2　器にしっかり水けをきっためん、蒸し鶏、クレソンを盛り、混ぜ合わせたAをかける。

ハーブチキン　アレンジ1
蒸し鶏とにんじんのラペ

材料　作りやすい分量
ハーブチキン（ほぐす）… 1/4枚
にんじん … 1本
塩 … 小さじ1/4
イタリアンパセリ（みじん切り）… 適量
A ┌ 白ワインビネガー、オリーブオイル
　└ 　… 各大さじ1

作り方
にんじんはせん切りにして塩をふり、軽くもんで20分ほどおき、水分を絞る。ボウルに材料をすべて入れ、混ぜ合わせる。

ハーブチキン　アレンジ2
チキンときゅうりのサンドイッチ

材料　1人分
ハーブチキン（1cm厚さに切る）… 1/4枚
きゅうり … 1/2本
塩 … ひとつまみ
クリームチーズ … 大さじ1
ディルのみじん切り … 少々
バゲット … 15cm
オリーブオイル … 適量
粒マスタード … 小さじ2

作り方
1　きゅうりは薄い輪切りにして塩をふり、軽くもんで10分ほどおき、水分を絞る。クリームチーズとディルを混ぜる。
2　バゲットに切り込みを入れ、オリーブオイルと粒マスタードを塗り、ハーブチキンと1を挟む。

PART 3　Dinner

はっと気づけばもう夕方。晩ごはん、何にしよう!?
毎日のことだから献立を考えるのは大変だけど、晩ごはんはやはり食事のメイン。
おいしく楽しくいただいて今日を締めくくりたい。
家族がそろえば、せいろを囲んでにぎやかな時間。
一緒に食べられなくても、せいろは温め直しも簡単で、豊かな気持ちには変わりなく
今日も1日の癒やしの時間に。

48　Dinner

豚バラ肉とズッキーニの重ね蒸し 梅だれ添え　　Recipe p.50

塩漬けポッサム メープルみそだれ添え　　Recipe p.51

蒸し時間　5分　　　　　　　　　　〈せいろに敷くもの〉穴あきクッキングシート

豚バラ肉とズッキーニの重ね蒸し 梅だれ添え

ピーラーで薄く切ったズッキーニと豚バラ肉を
交互に重ねていくだけですが、ズッキーニのみずみずしさと
豚バラ肉のうまみのバランスがよく箸が止まらないおいしさです。
梅の酸味がよく合います。

材料　2〜3人分
ズッキーニ … 2本
豚バラ薄切り肉 … 200g

梅だれ
| 練り梅 … 大さじ1
| 甘酒 … 大さじ4
| しょうゆ … 大さじ2
| 白いりごま … 大さじ1

下ごしらえ
ズッキーニは、ピーラーなどで縦に薄くスライスする ⓐ。

蒸す
ズッキーニと豚バラ肉を交互に重ねて ⓑ、穴あきクッキングシートを敷いたせいろに並べる。中火で5分蒸す。

仕上げ
梅だれの材料を混ぜ合わせる。たれをつけて食べる。

PART 3　51

蒸し時間　20〜25分
蒸らし時間　10分

〈せいろに敷くもの〉穴あきクッキングシート

塩漬けポッサム メープルみそだれ添え

塩豚をかたまりで蒸したポッサムはうまみを逃がさず、余分な脂は落ちます。
スライスして、レタスで巻いて、メープルシロップを加えたみそだれや
甘辛い切り干し大根とともに。豆乳花巻（p.40）に挟んでもおいしい。

材料　作りやすい分量
豚バラかたまり肉 … 400g
塩 … 大さじ1/2
白髪ねぎ、青じそ、サニーレタス
　… 各適量

メープルみそだれ
│　みそ … 大さじ2
│　メープルシロップ … 大さじ2

下ごしらえ
塩豚を作る。豚肉の全体にフォークを刺して穴をあけ、塩をふってもみ込む。ペーパータオルを巻いて保存袋に入れ、1日程度冷蔵庫におき、取り出すⓐ。

蒸す
せいろに穴あきクッキングシートを敷き、塩豚をかたまりごと入れて、火が通るまで中火で20〜25分蒸して、10分ほど蒸らすⓑ。

仕上げ
食べやすい大きさに切り、せいろに並べる。白髪ねぎを中央に盛る。
メープルみそだれの材料を混ぜ合わせる。青じそ、サニーレタスで肉を包み、たれをつけて食べる。切り干し大根の甘辛和えと一緒に食べてもおいしい。

切り干し大根の甘辛和え

材料　作りやすい分量
切り干し大根 … 15g
コチュジャン、米酢、砂糖 … 各大さじ1/2
白いりごま … 少々

作り方
切り干し大根は水につけてもどし、水けを絞る。食べやすい長さに切り、調味料とごまとよく混ぜ合わせる。

ⓐ

ⓑ

MEMO

切らずにかたまり肉ごと蒸すことで、おいしい肉汁を逃がしません。穴あきクッキングシートから余分な脂は落ちていきます。

蒸し時間　10分　　　　　　　　　　　〈せいろに敷くもの〉なし

ジャンボつくね

大きく作ったつくねは豆腐を加えてふわふわに。
粗めにすりおろしたれんこんの食感が食べ飽きないおいしさです。
器ごと蒸してそのまま食卓へ。

材料　2〜3人分

A
- 鶏ひき肉 … 200g
- 絹ごし豆腐 … 80g
- れんこん（粗めにすりおろす）… 50g
- 卵白 … 1個分
- 片栗粉 … 大さじ1
- 塩 … 小さじ1/4

B
- しょうゆ、酒 … 各大さじ1
- みりん … 大さじ2
- 水 … 70mℓ
- 片栗粉 … 小さじ1

卵黄 … 1個分
みつば … 適量

下ごしらえ

ボウルにAを入れ、よく混ぜ合わせる。器にのせ、真ん中を少しくぼませる。

蒸す

せいろに器ごと入れ、中火で10分、火が通るまで蒸すⓐ。

仕上げ

小鍋にBを入れ、中火にかけて混ぜ、とろみがついたら火を止める。蒸し上がったつくねにかけ、真ん中に卵黄をのせてⓑ、刻んだみつばをのせる。

a

b

MEMO

つくねには卵白のみを使うので、残った卵黄は、でき上がりにのせて。あんを絡めたつくねをごはんにのせてもおいしいです。

蒸し時間　8分　　　　　　　　〈せいろに敷くもの〉穴あきクッキングシート

ほたてシューマイ

わが家のシューマイは、干し貝柱と多めの玉ねぎを加えるのが定番。
ごろんと大きめで食べ応えがあり、
干し貝柱から出るほたてのうまみがきいています。
一緒に蒸したせん切りキャベツと合わせてどうぞ。

材料　10個分
シューマイの皮 … 10枚
干し貝柱 … 2個
玉ねぎ … 1/4個
片栗粉 … 大さじ1
A ┌ 豚ひき肉 … 150g
　├ 塩 … 小さじ1/3
　├ 酒、しょうゆ、ごま油
　│　　　… 各小さじ1
　└ しょうがのすりおろし
　　　　　… 小さじ1/2
キャベツのせん切り、しょうゆ、からし
　… 各適量

下ごしらえ
干し貝柱は手でほぐして、ぬるま湯50mlに3時間ほど浸してもどす。玉ねぎは粗みじん切りにし、片栗粉を混ぜ合わせる。Aはボウルに入れ、白く粘りけが出るまで混ぜる。ほぐした貝柱と玉ねぎを加え ⓐ、よく混ぜ合わせる。等分にして、シューマイの皮で包む ⓑ ⓒ。

蒸す
せいろに穴あきクッキングシートを敷き、キャベツのせん切りを広げ、シューマイをのせる。中火で8分蒸す。

仕上げ
しょうゆとからしをつけて食べる。

MEMO
シューマイの皮で肉あんを包むのにはバターナイフが便利。親指と人さし指で輪を作り、そこに皮をのせ、あんを置いて押し込み、最後に表面を平らにします。

蒸し時間　8分＋5分　　　　　　　　〈せいろに敷くもの〉なし

鶏手羽元とかぶの豆豉蒸し

鶏手羽元のジューシーさを逃がさないように調味料と片栗粉を
まぶして蒸します。かぶはやわらかくなりすぎないように、
時間差で入れてベストなかたさに。
発酵食品の豆豉が味に深みを出してくれます。

材料　2人分
鶏手羽元 … 6本
かぶ … 2個
A ┃ 豆豉（トウチ）（粗みじん切り） … 4g
　┃ しょうゆ … 大さじ1/2
　┃ 酒 … 大さじ1
　┃ 片栗粉 … 小さじ1

下ごしらえ
ボウルに鶏手羽元とAを入れてよく混ぜ合わせる。かぶは皮をむいて6等分のくし形切りにする。器に鶏手羽元を重ならないように並べ、汁を全体にかける。

蒸す
せいろに器ごと入れ、中火で8分蒸す。かぶを加え ⓐ、さらに5分蒸して、混ぜる。

MEMO
鶏手羽元の大きさによって蒸し時間は調節してください。
豆豉は黒豆を発酵させて作る中華調味料。スーパーの中華食材のコーナーで売っています。少し加えるだけで、深い味わいを出せるすぐれもの。ない場合は、赤みそ小さじ1で代用を。

PART 3   57

PART 3　59

野菜で蒸ししゃぶ ごまポン酢だれとすき焼き風たれ添え　　Recipe p.60

お刺身の香味野菜巻き蒸し ゆず塩麹だれ添え　　Recipe p.61

蒸し時間　2〜3分　　　　　〈せいろに敷くもの〉穴あきクッキングシート

牛肉とせん切り野菜の蒸ししゃぶ
ごまポン酢だれとすき焼き風たれ添え

火の通りやすい薄切りの牛肉とせん切り野菜は、
蒸し時間がかなり短く、早く食べたいときや
おもてなしにもってこい。
たれはさっぱりとしたごまポン酢と、娘好みのすき焼き風の2種類を用意して。

材料　2人分
牛薄切り肉（しゃぶしゃぶ用）… 200g
水菜、長ねぎ、にんじんなどの野菜
　… 各適量

ごまポン酢だれ
　│　白すりごま … 大さじ2
　│　ポン酢しょうゆ … 大さじ2

すき焼き風たれ
　│　酒、みりん、しょうゆ、砂糖
　│　　… 各同量を適量

下ごしらえ
水菜は5cm長さに切り、長ねぎ、にんじんはせん切りにして、水にさらす。

蒸す
せいろに穴あきクッキングシートを敷き、牛肉を並べ、水けをきった野菜を真ん中にのせる。中火で2〜3分蒸す。

仕上げ
ごまポン酢だれは材料を混ぜ合わせる。すき焼き風たれは材料をすべて小鍋に入れ、ひと煮立ちさせる。たれをつけて食べる。

MEMO
せん切り野菜は市販のものを使えばより手軽。
お刺身の香味野菜巻き蒸し(p.61)と2段で蒸せば、手軽ながら豪華なおもてなし料理に。

PART 3   61

蒸し時間　1〜2分　　　　〈せいろに敷くもの〉穴あきクッキングシート

お刺身の香味野菜巻き蒸し ゆず塩麹だれ添え

魚と相性のいいシャキシャキの香味野菜を
フワッと巻いてさっと蒸すだけ。
おもてなしにも喜ばれる一品です。
食べきれなかったお刺身のアレンジにも。

材料　2人分
刺身（鯛）… 10〜12切れ
みょうが、しょうが、青じそ、
　長ねぎなどの野菜 … 各適量

ゆず塩麹だれ
　　ゆず果汁 … 大さじ1
　　塩麹 … 大さじ1
　　だし汁 … 大さじ2

下ごしらえ
野菜はせん切りにして、水にさらす。

蒸す
せいろに穴あきクッキングシートを敷き、せん切りにした野菜を等分にして、放射状に小さなかたまりを作って並べ、刺身をのせて巻く ⓐ。弱めの中火で1〜2分蒸す。

仕上げ
ゆず塩麹だれの材料を混ぜ合わせ、つけて食べる。

MEMO
お刺身は鯛のほか、ぶりやサーモンでもおいしい。野菜は刺身のつまを使っても。生でも食べられるので、蒸し加減はお好みで。

白身魚とトマトのハーブ蒸し　　Recipe p.64

PART 3　63

サーモンときのこのレモンバター蒸し　Recipe p.65

蒸し時間　10分　　　　　　　　　　　　　　〈せいろに敷くもの〉なし

白身魚とトマトのハーブ蒸し

トマトと白ワイン、ハーブのうまみをまとった白身魚は
ふっくらしっとりと仕上がります。
一緒に蒸しただけとは思えないひと皿。
冷えた白ワインによく合います。

材料　2人分
鯛の切り身 … 2切れ
ミニトマト … 10個
ローズマリーやイタリアンパセリなど
　お好みのハーブ … 適量
塩 … 適量
白ワイン … 大さじ2
オリーブオイル … 大さじ2
黒こしょう … 少々

下ごしらえ
鯛は塩を全体にふり ⓐ、15分おく。出てきた水分をペーパータオルでふく。ミニトマトは半分に切る。2つの器にそれぞれ鯛を入れて、ミニトマトをのせ、白ワインを回しかけ、ハーブをのせる。

蒸す
2つのせいろにそれぞれ器ごと入れ、2段重ねにして中火で10分蒸す。

仕上げ
オリーブオイルを回しかけ、黒こしょうをふる。

MEMO
2段で蒸す場合、上の段のほうが火が通りにくいので、途中で入れ替えるとよいでしょう。せいろが1つしかない場合は、器に魚を2切れ入れて蒸せばOK。鯛のほか、すずきやたらなど、ほかの白身魚でも。スープもおいしいので、器は少し深さのあるスープ皿などがおすすめ。

PART 3　65

蒸し時間　8分＋2分　　〈せいろに敷くもの〉クッキングシート

サーモンときのこのレモンバター蒸し

脂の乗ったサーモンはレモンとパセリで輪郭のある味に。
蒸し上がったマッシュルームとバターの香りがサーモンの味わいを引き立てます。
ごはんを添えてワンプレートにすれば、
レモンバターのソースも余すことなく味わえます。

材料　2人分
- サーモン … 2切れ（200g）
- ブラウンマッシュルーム … 6個
- レモン（国産のノーワックスのもの）… 1/2個
- 塩 … ふたつまみ
- 白ワイン … 大さじ1
- バター … 20g
- こしょう、パセリのみじん切り … 各少々
- 玄米ごはん … 適量

下ごしらえ
サーモンは塩を全体にふり15分おく。出てきた水分をペーパータオルでふく。マッシュルームとレモンは薄切りにする。

蒸す
せいろにクッキングシートを敷き、サーモンを中央に置く。マッシュルームをまわりに置き、白ワインを回しかけ、レモンをのせる。中火で8分蒸し、バターを加えてⓐ、さらに2分蒸す。

仕上げ
火から下ろしてこしょうをふり、パセリを散らす。器に玄米ごはんと一緒に盛る。

ⓐ

MEMO

サーモンは生鮭の切り身でも。ごはんは白米よりも粘りけの少ない玄米がよく合います。

蒸し時間　12分

〈せいろに敷くもの〉クッキングシート

さばの梅みそ蒸し

煮詰め加減が難しい魚の煮込み。
蒸すほうが煮崩れず、まんべんなく味も入るのでおすすめです。
みそ、梅干し、長ねぎの蒸し汁がよいあんばいに。

材料　2人分
さばの切り身 … 2切れ
長ねぎ … 1本

A
- みそ … 大さじ1
- 梅干し（種を取り、包丁でたたく）… 2個
- 酒、みりん、きび砂糖 … 各大さじ1

下ごしらえ
さばはざるに入れて、熱湯を回しかける ⓐ。長ねぎは長さを8等分に切る。Aはよく混ぜ合わせる。

蒸す
せいろにクッキングシートを敷き、長ねぎを並べてAの半量を塗る。さばを皮目を上にしてのせ、残りのAを塗り広げる。中火で12分、火が通るまで蒸す。

蒸し時間　8分

〈せいろに敷くもの〉クッキングシート

えびの蒸し春巻き

生春巻きを蒸してみたら、えびはプリンプリン、皮はぷるんぷるん、
香港の飲茶専門店で食べた腸粉(チョンファン)のようなひと皿に。
生春巻きとは違ったおいしさが楽しめます。

材料　2本分
えび（ブラックタイガー）… 8尾
生春巻きの皮 … 2枚
レタス … 2枚
A ［ しょうゆ、酢、水、砂糖 … 各小さじ1
　　赤唐辛子の輪切り … 少々
ピーナッツ、香菜(シャンツァイ)の葉 … 各適量

下ごしらえ
1　えびは殻をむいて背わたを取り、酒、片栗粉各大さじ1、塩小さじ1（すべて分量外）をよくもみ込み、水洗いして、ペーパータオルで水けをふき取る。レタスは細切りにする。
2　生春巻きの皮を水につけ、少しやわらかくなったらレタスとえびの半量をのせて巻く⒜。同様にもう1本作る。

蒸す
クッキングシートにごま油少々（分量外）を薄く塗ってせいろに敷き、生春巻きをのせる。中火で8分蒸す。

仕上げ
1本を4等分に切って、器に盛る。混ぜ合わせたAを回しかけ、砕いたピーナッツと香菜の葉を散らす。

Dinner

蒸し時間　5分〜　〈せいろに敷くもの〉なし

チーズフォンデュ

野菜もパンもチーズもお肉も、
多種類を一緒に調理できるのがせいろのいいところ。
こんなパーティー的な料理もせいろひとつでできて、そのまま食卓へ。
多種類を同じ時間で仕上げたい場合は、食材の大きさをポイントに。

材料　2人分
チーズ（グリュイエール、エメンタール）… 合わせて100g
片栗粉 … 小さじ1
白ワイン … 50mℓ
パン、ハーブチキン（p.44）、ソーセージ、ブロッコリー、
　かぼちゃ、大根などお好みで … 各適量

下ごしらえ
チーズは小さく刻み、片栗粉をまぶしておく。器に入れ、白ワインを加えてよく混ぜ合わせる。パンや肉、野菜は食べやすい大きさに切る。

蒸す
せいろの真ん中にチーズが入った器を置き、まわりにパンや肉、野菜を並べる。中火で5分〜食材に火が通るまで蒸す。

MEMO
チーズに片栗粉をまぶすのは、溶けたチーズが分離するのを防ぐため。お好みの具材に絡めてどうぞ。

PART 4
Side dishes

メインは決まったのに副菜が決まらない。そんなこともしばしば。
バランスよく食べたいときこそ、副菜が大事です。
常備している野菜や乾物に少しプラスして、繰り返し食べたくなる副菜を。
せいろで調理するだけで、いつもの食材が違った味わいになるのも楽しい。
お酒が進みそうなものもわが家では人気です。

あおさとなめこの大きな茶碗蒸し　　Recipe p.74

ホット白和え　　Recipe p.75

蒸し時間　18分＋5分　　　　　　　　　〈せいろに敷くもの〉なし

あおさとなめこの大きな茶碗蒸し

大きく作る茶碗蒸しは母がよく作ってくれたもの。
母の茶碗蒸しは具だくさんでしたが、
私は具は入れずやわらかめに作り、具を少しのせて、
汁物感覚でいただきます。

材料　2～3人分
（直径19cm×高さ7cmの器1個分）
卵 … 3個
あおさ … 5g
なめこ … 50g
A ┌ だし汁 … 3と1/2カップ
　│ 薄口しょうゆ、みりん
　│ 　… 各小さじ2
　└ 塩 … ひとつまみ

下ごしらえ
ボウルに卵を割り入れて溶きほぐし、混ぜ合わせたAの3カップ分を加え、よく混ぜ合わせる。ざるでこしながら器に注ぎ入れる。

蒸す
せいろに器ごと入れ、弱火で18分蒸す。
残りのAとあおさ、なめこを混ぜ合わせてのせ⒜、さらに5分蒸す。

MEMO

水溶き片栗粉を使わなくても、なめこのとろみでとろっとしたあんのようになります。

PART 4　75

蒸し時間　5分　　　　　　　　　　　　　　　〈せいろに敷くもの〉なし

ホット白和え

豆腐と長いもが淡雪のような、蒸した白和え。
とろっとした食感がたまりません。
蒸されたかつおぶしとすりごま、野菜からだしが出ます。
野菜がたっぷり食べられる、栄養満点の副菜です。

材料　2〜3人分
絹ごし豆腐 … 100g
長いも … 100g
塩 … 小さじ1/4
ブロッコリー … 1/4個
ごぼう … 1/4本
かつおぶし（細かいもの）… 2g
白すりごま … 大さじ2/3

下ごしらえ
ボウルに豆腐を入れて泡立て器でよく混ぜ、粗めのペースト状にするⓐ。長いもは皮をむき、保存袋などに入れて、めん棒でたたいて粗めに砕くⓑ。豆腐のボウルに長いもと塩を加え、よく混ぜる。ブロッコリーは小房に分け、ごぼうはささがきにする。

蒸す
器にごぼうとブロッコリーを入れ、かつおぶしとすりごまをふり、豆腐と長いもの和え衣をのせる。せいろに器ごと入れ、中火で5分蒸す。

仕上げ
よく混ぜればでき上がり。

MEMO

長いもはとろみが出るまでたたきます。かつおぶしは袋の中でもんで細かくしてもOK。

76 Side dishes

ニース風ポテトサラダ　　Recipe p.78

蒸し大豆のサラダ　　Recipe p.79

Side dishes

蒸し時間　7分＋30秒　　　〈せいろに敷くもの〉穴あきクッキングシート

ニース風ポテトサラダ

大好きなニース風サラダ。
じゃがいもと卵、さやいんげんと一緒にめかじきも蒸せば、
手作りのツナが簡単に作れます。ハーブをのせればさわやかな味に。
ボリュームのあるホットサラダです。

材料　2人分
めかじき … 1切れ
塩 … 少々
ハーブ（ローリエ、ローズマリー、
　ディルの茎など）… 適量
白ワイン … 大さじ1
じゃがいも … 2個
卵 … 1個
さやいんげん … 6本
オリーブ（塩漬け）… 4個
アンチョビドレッシング
　│　アンチョビ（みじん切り）… 1枚
　│　ディル（みじん切り）… 少々
　│　フレンチマスタード … 小さじ1
　│　白ワインビネガー … 大さじ1/2
　│　オリーブオイル … 大さじ1

下ごしらえ
めかじきは、塩をふって15分おき、出てきた水分をペーパータオルでふく ⓐ。クッキングシートで包むようにしてハーブをのせ、白ワインを回しかける。じゃがいもは皮をむいて一口大に切る。卵はクッキングシートで包む。

蒸す
せいろに穴あきクッキングシートを敷き、めかじき、じゃがいも、卵を入れ、中火で7分蒸す。さやいんげんを加えてさらに30秒蒸す。

仕上げ
器にじゃがいも、めかじき、殻をむいて4等分に切った卵、さやいんげん、半分に切ったオリーブを盛り、混ぜ合わせたアンチョビドレッシングをかける。

a

MEMO
魚は塩をふって余分な水分を出すことで、臭みがなくおいしく仕上がります。
食べるときにめかじきをほぐします。

蒸し時間　25〜30分
蒸らし時間　10分

〈せいろに敷くもの〉穴あきクッキングシート

蒸し大豆のサラダ

煮豆よりもさっぱりとしたサラダのほうがわが家では人気。
豆も少しかためが家族の好みのようです。
たっぷりの紫玉ねぎとパセリがフレッシュ感をアップ。
ついつい手がのびるおいしさ。

材料　作りやすい分量
大豆 … 100g

A
- 紫玉ねぎ … 1/2個
- パセリ … 10g
- オリーブオイル … 大さじ1と1/2
- 白ワインビネガー … 大さじ1
- 塩 … 小さじ1/4

下ごしらえ
大豆は8時間ほど水につけておく ⓐ。紫玉ねぎとパセリはみじん切りにする。

蒸す
せいろに穴あきクッキングシートを敷き、水けをきった大豆を入れ、中火で25〜30分蒸す。10分蒸らして好みのかたさに仕上げる。

仕上げ
ボウルに蒸し大豆とAを入れて混ぜ合わせる ⓑ。

MEMO

作りおきできます。冷蔵庫で4日間保存可。

80 Side dishes

里いものピュレ　　Recipe p.82

さつまいもとベーコンのハニーマスタードサラダ　　Recipe p.82

カリフラワーの豆乳マヨネーズがけ　　Recipe p.83

ビーツのタルタル　　Recipe p.83

蒸し時間　15分　　　　　　　　　　　　〈せいろに敷くもの〉なし

里いものピュレ

里いものねっとり感がミルクとよく合うピュレ。
里いもは切り込みを入れて皮ごと蒸すと、皮がむきやすくなります。
フードプロセッサーがなければ、マッシャーやフォークでつぶしてもOK。

材料　作りやすい分量
里いも … 5個
牛乳 … 大さじ3
塩 … 小さじ1/4
生ハム … 2〜3枚
オリーブオイル … 適量
黒こしょう … 少々

下ごしらえ
里いもはよく洗い、真ん中にくるっと一周切り目を入れる。

蒸す
せいろに里いもを並べ、中火で15分、やわらかくなるまで蒸す。

仕上げ
里いもの皮をむき、フードプロセッサーにかけてなめらかにする。牛乳、塩を加えてよく混ぜ合わせる。
器に盛り、オリーブオイルを回しかけて黒こしょうをふり、生ハムを添える。

蒸し時間　8〜10分　　　　　　　　　〈せいろに敷くもの〉穴あきクッキングシート

さつまいもとベーコンの
ハニーマスタードサラダ

蒸して使うことも多いさつまいも。
酸味のきいたマスタードとベーコンの塩けをプラスして
ワインに合いそうなお総菜に。

材料　作りやすい分量
さつまいも（紅あずまなどほっくり系）
　… 中1本（200g）
ベーコン … 2枚
A ［ はちみつ、粒マスタード
　　　… 各大さじ1

下ごしらえ
さつまいもは皮をつけたまま乱切りにして水に10分さらし、水けをきる。ベーコンは1cm幅に切る。

蒸す
せいろに穴あきクッキングシートを敷き、さつまいもを入れ、ベーコンをのせる。中火で8〜10分火が通るまで蒸す。

仕上げ
ボウルにAを入れて混ぜ、さつまいもとベーコンを加えて和える。

蒸し時間　15分　　　　〈せいろに敷くもの〉なし

カリフラワーの豆乳マヨネーズがけ

わが家は皆、カリフラワー好き。丸ごとほくほくになるまで蒸して、
酸味のきいた豆乳ベースのマヨネーズとディルをたっぷりかけて。
ぺろっと食べられるおいしさです。

材料　作りやすい分量
カリフラワー … 小1個（200g）
豆乳マヨネーズ
　米油 … 1/4カップ
　豆乳（無調整）… 大さじ3
　塩 … ひとつまみ
　白ワインビネガー … 大さじ1/2
イタリアンパセリ（刻む）… 2本
ディル（刻む）… 2本

蒸す
せいろにカリフラワーを丸ごと入れ、中火で15分、火が通るまで蒸す。

仕上げ
豆乳マヨネーズを作る。フードプロセッサーに材料を入れ、なめらかになるまで攪拌する。
器に蒸し上がったカリフラワーを盛り、豆乳マヨネーズをかけてハーブをのせる。

蒸し時間　15分　　　　〈せいろに敷くもの〉穴あきクッキングシート

ビーツのタルタル

ビーツはかたいので、切ってから蒸します。
刺身とビーツを別々に和えるのは、色移りを防ぐため。
刺身はサーモン、鯛、ほたて、いか、甘えびもおすすめです。

材料　作りやすい分量
ビーツ … 100g
刺身（かんぱち）… 4切れ
塩 … ひとつまみ
A ┌ レモン汁 … 大さじ1/2
　└ オリーブオイル … 大さじ1
ディル（刻む）… 適量

下ごしらえ
ビーツは皮をむき、1.5cm厚さの輪切りにする。刺身は塩をふって15分おく。

蒸す
せいろに穴あきクッキングシートを敷き、ビーツを入れ、中火で15分、やわらかくなるまで蒸す。

仕上げ
ビーツの粗熱を取り、1.5cm角に切る。刺身は出てきた水分をペーパータオルでふき、ビーツと同じくらいの大きさに切る。
ボウルにAを入れて混ぜ、刺身を加えて和え、先に器に盛る。ボウルにビーツを加えて和え、刺身の隣に盛る。ディルを散らす。

Side dishes

たたきごぼうのおかか蒸し　　Recipe p.86

蒸しなすの香味だれ　　Recipe p.86

クミンかぼちゃ　　Recipe p.87

セロリとしらすのナムル　　Recipe p.87

蒸し時間　15分　　　　〈せいろに敷くもの〉クッキングシート

たたきごぼうのおかか蒸し

滋味深いごぼうは、たたいて蒸すことで火が通りやすく、
味が染み込みやすくなります。
かつおぶしを一緒に蒸して、だしをごぼうにまとわせて。

材料　作りやすい分量
ごぼう … 1本
かつおぶし … 4g
塩 … 小さじ1/4

下ごしらえ
ごぼうは包丁の背で皮を軽くこそげ取り、めん棒
などでたたいてから5cm長さに食べやすく切って、
水に5分さらす。

蒸す
せいろにクッキングシートを敷き、ごぼうを入れ
て塩をふり、かつおぶしを散らす。中火で15分、
火が通るまで蒸す。

蒸し時間　6分　　　　〈せいろに敷くもの〉穴あきクッキングシート

蒸しなすの香味だれ

色が変わりやすいなすは、強火で一気に蒸します。
片栗粉を薄くまぶすことでジューシーさを閉じ込め、つるんとした食感に。
たれも絡みやすくなります。

材料　作りやすい分量
なす … 2本
片栗粉 … 適量
A ┌ 長ねぎ（みじん切り）… 10cm
　├ しょうが（みじん切り）… 1/2片
　├ 白いりごま … 少々
　├ しょうゆ … 小さじ2
　├ ごま油 … 大さじ1
　└ 米酢、きび砂糖 … 各小さじ1

下ごしらえ
なすはヘタを取り、皮をピーラーで薄くむく。縦
に4等分にして片栗粉を薄くまぶす。

蒸す
せいろに穴あきクッキングシートを敷き、なすを
入れて強火で6分蒸す。

仕上げ
器に盛り、混ぜ合わせたAをかける。

PART 4　87

蒸し時間　6分　　　　　　　　　　　〈せいろに敷くもの〉なし

クミンかぼちゃ

シンプルに蒸したかぼちゃに、
クミンとカレー粉の香りを移した油をかけます。
スパイス香るかぼちゃは、おつまみにも。

材料　作りやすい分量
かぼちゃ … 1/8個（約300g）
A ┃ クミンシード … 小さじ1/2
　 ┃ カレー粉 … 小さじ1
　 ┃ オリーブオイル
　 ┃ 　… 大さじ1と1/2
粗塩 … 少々

下ごしらえ
かぼちゃは種とわたを取り、1.5cm厚さのくし形切りにする。

蒸す
せいろにかぼちゃを入れ、中火で6分、火が通るまで蒸す。

仕上げ
かぼちゃを器に盛る。
小鍋にAを入れて中火にかけ、香りが出てきたら、かぼちゃに回しかけ、塩をふる。

蒸し時間　5分　　　　　　　　　　　〈せいろに敷くもの〉クッキングシート

セロリとしらすのナムル

蒸すとほっくりとして甘くなるセロリ。
しらすのうまみと塩味、しょうがとごま油の香りが
おいしい和えものです。

材料　作りやすい分量
セロリの茎 … 1～2本
しらす干し … 30g
A ┃ 薄口しょうゆ … 小さじ1
　 ┃ ごま油 … 大さじ1
　 ┃ しょうがのすりおろし
　 ┃ 　… 小さじ1

下ごしらえ
セロリは5cm長さに食べやすく切り、筋を取る。

蒸す
せいろにクッキングシートを敷き、セロリを入れ、しらす干しをのせる。中火で5分蒸す。

仕上げ
器にセロリを盛り、しらす干しと蒸し汁、Aを混ぜ合わせてかける。

蒸し時間　5分＋2分　　　　　　〈せいろに敷くもの〉クッキングシート

切り干し大根のアラビアータ

切り干し大根は水でもどさないので時間短縮になり、
味も染み込みやすく一石二鳥。
パスタ代わりにもなりそうな一品。

材料　作りやすい分量
切り干し大根 … 30g
トマトの水煮（缶詰・ホール）
　… 1/2缶（200g）
塩 … 小さじ1/4
パプリカ（黄）… 1/2個
にんにく … 1片
赤唐辛子の輪切り … 少々
オリーブオイル … 大さじ1
バジル … 適量

下ごしらえ
せいろにクッキングシートを敷き、切り干し大根（乾燥のまま）とトマトの水煮、塩を入れて、トマトを崩しながらよく混ぜ合わせる。パプリカは細切りにする。

蒸す
切り干し大根とトマトを中火で5分蒸し、パプリカを加えてさらに2分蒸す。

仕上げ
フライパンにつぶしたにんにく、赤唐辛子、オリーブオイルを入れ、弱火にかける。にんにくが色づいて香りが出てきたら、蒸し上がった切り干し大根に回しかけ、よく混ぜる。器に盛り、バジルをのせる。

蒸し時間　6分

〈せいろに敷くもの〉クッキングシート

ヤムウンセン

ヤムウンセンは甘酸っぱい味のタイの春雨サラダ。
春雨に豚肉とえびをのせて蒸すことで、
春雨がしっかりうまみを吸って深みのある味になります。

材料　作りやすい分量

緑豆春雨 … 30g
黒きくらげ … 5g
むきえび … 8尾
豚ひき肉 … 80g
ナンプラー … 小さじ1
A ┃ 紫玉ねぎの薄切り … 1/8個分
　┃ ライムまたはレモンの果汁
　┃ 　… 大さじ1
　┃ ナンプラー … 大さじ1
　┃ きび砂糖 … 大さじ1/2
　┗ 青唐辛子（小口切り）… 少々
香菜（シャンツァイ）… 適量
ライムまたはレモン … 1/8個

下ごしらえ

春雨、黒きくらげはぬるま湯につけてもどす。えびは酒、片栗粉各大さじ1/2、塩小さじ1/2（すべて分量外）をよくもみ込み、水洗いして、ペーパータオルで水けをふき取る。豚ひき肉はナンプラーを加えてよく混ぜ合わせる。

蒸す

せいろにクッキングシートを敷き、水けをきった春雨と黒きくらげ、えび、ひき肉をのせ、中火で6分蒸す。

仕上げ

混ぜ合わせたAを加えてよく混ぜる。器に盛り、香菜をのせ、ライムまたはレモンを添える。

COLUMN

Teatime

私にとって3度のごはんと同じくらい、おやつは欠かせません。
ほっとひと息、心と体をひと休みさせてくれる、リフレッシュできる時間でもあります。
おやつと、おやつに合わせるお茶もまた楽しみ。
ほかほかの蒸しパンや、昨日作ったプリンがあると思うと心躍ります。

蒸し時間　25〜30分　〈せいろに敷くもの〉なし

米粉のマーラーカオ

マーラーカオは中国風の蒸しパン。
私のレシピは米粉を使ってふんわり仕上げます。
オイルフリーで軽やか。しょうゆで少しコクを加えて。
大きな器で蒸して、切り分けていただきます。

材料
直径16cm×高さ5cmの器1個分
卵 … 2個
A ┏ 米粉 … 130g
　┃ 黒糖 … 30g
　┃ きび砂糖 … 30g
　┃ 牛乳 … 90ml
　┗ しょうゆ … 小さじ1
ベーキングパウダー … 小さじ2

下ごしらえ
1　ボウルに卵を割り入れてよくほぐし、Aの材料を加えⓐ、よく混ぜ合わせる。
2　ベーキングパウダーを加えⓑ、さらによく混ぜる。
3　器に流し込むⓒ。

蒸す
せいろに器ごと入れ、中火で25〜30分、火が通るまで蒸す。

MEMO
蒸すとふくらむので、器の高さに注意を。あまり高い器だとふたにくっついてしまいます。

a　b　c

蒸し時間　12〜15分　　　　　　　　　　　　　　　〈せいろに敷くもの〉なし

オートミールチョコ蒸しパン

小麦粉の代わりにオートミールを使ったグルテンフリーな蒸しパン。
水分と混ぜて少しおいておくだけで、オートミールがふっくらと。
とろりと溶けたチョコレートがおいしい熱々のうちにどうぞ。
朝食にもおすすめです。

材料
直径7cm×高さ3cmのマフィン型3個分

A ┃ 卵 … 1個
　 ┃ オートミール
　 ┃ 　（インスタントタイプ）… 75g
　 ┃ ココアパウダー … 大さじ1
　 ┃ きび砂糖 … 大さじ1と1/2
　 ┃ 豆乳（無調整）… 大さじ3
　 ┃ 米油 … 大さじ1
　 ┃ シナモンパウダー … 少々
ベーキングパウダー … 小さじ1
チョコレート（粒）… 3個

下ごしらえ
1　ボウルにAの卵を割り入れ、残りのAを加えてよく混ぜ合わせⓐ、ラップをして冷蔵庫で30分おくⓑ。
2　ベーキングパウダーを加えてよく混ぜ合わせるⓒ。
3　米油少々（分量外）を塗った型に入れ、チョコレートをのせるⓓ。

蒸す
せいろに型を入れ、中火で12〜15分、火が通るまで蒸す。

a

b

c

d

MEMO
オートミールは薄く砕かれた、インスタントタイプを使用してください。クラシックプリン（p.94）でも使っているマフィン型は、シリコン製の6個連結のものをカットして使っています。せいろの大きさに合わせて数を調整でき、くっつきにくいので重宝です。

蒸し時間　30秒＋10分／蒸らし時間　10分　　　　　　〈せいろに敷くもの〉なし

クラシックプリン

いつでも食べたいプリン。
私は昔ながらの少しかためで、カラメルが苦めのものが好みです。
蒸すと卵の弾力が出て、牛乳のうまみが引き立ち、
より素材の味が出てきます。

材料
直径7cm×高さ3cmのマフィン型4個分
卵 … 2個
卵黄 … 1個分
きび砂糖 … 50g
牛乳 … 180mℓ
バニラビーンズ … 2cm
カラメル
　│　きび砂糖 … 50g
　│　水、熱湯 … 各大さじ1

下準備
型にバター（分量外）を塗るⓐ。

下ごしらえ
1　カラメルを作る。小鍋にきび砂糖と水を入れて中火にかける。砂糖がこげ茶色になり煙が出てきたらⓑ、火を止めて熱湯を加え、鍋をゆすって混ぜ合わせる。型に入れⓒ、冷蔵庫で冷やしておく。
2　ボウルに卵を割り入れ、卵黄を加えて溶きほぐし、きび砂糖を加えてよく混ぜ合わせるⓓ。
3　鍋に牛乳を入れ、バニラビーンズのさやに切り目を入れて種をこそげ入れⓔ、弱めの中火にかける。沸騰前に火から下ろし、2に加えてよく混ぜ合わせるⓕ。

蒸す
せいろにカラメルを入れた型を並べ、卵液を茶こしでこしながら等分に入れるⓖ。強火で30秒、弱火で10分、火が通るまで蒸して10分蒸らすⓗ。

仕上げ
粗熱がとれたら冷蔵庫で冷やし、1日寝かせる。取り出すときは、50℃程度の湯につけ、スプーンで軽く表面を押しながら出すと、きれいに出しやすいⓘ。

MEMO
1日寝かせることで味がなじみ、味わいが濃くなります。型はプリン型でも、耐熱性のコップでも、お持ちのものでOK。冷蔵庫で2〜3日間保存可。

TAMA NAKAGAWA

中川 たま

1971年兵庫県生まれ。料理家。神奈川県・逗子で、夫と娘の３人暮らし。自然食品店勤務後、ケータリングユニット「にぎにぎ」を経て、2008年に独立。地元・逗子を中心にイベントやワークショップを開催。季節の野菜やハーブ、フルーツを使った、シンプルながらセンスあふれる料理に定評がある。せいろ愛用歴は30年近く。著書に『たまさんの食べられる庭　自然に育てて、まるごと楽しむ』、『自家製の米粉ミックスでつくるお菓子　ふんわり、さっくり。軽やかなレシピ』、『器は自由におおらかに　おいしく見える器の選び方・使い方』（すべて家の光協会）、『たまさんと魚料理　刺身や切り身、柵で手軽に』（文化出版局）など。
インスタグラム @tamanakagawa

撮影	邑口京一郎
ブックデザイン	三上祥子（Vaa）
スタイリング	中川たま
編集	小島朋子
校正	安久都淳子
DTP制作	天龍社

せいろで 日々 ごはん
のせて蒸すだけ、うまみがギュッと

2025年３月20日　第１刷発行

著者　中川たま
発行者　木下春雄
発行所　一般社団法人 家の光協会
　　　　〒162-8448　東京都新宿区市谷船河原町11
　　　　電話　03-3266-9029（販売）
　　　　　　　03-3266-9028（編集）
　　　　振替　00150-1-4724
印刷　株式会社東京印書館
製本　家の光製本梱包株式会社

乱丁・落丁本はお取り替えいたします。
定価はカバーに表示してあります。
本書のコピー、スキャン、デジタル化等の無断複製は、著作権法上での例外を除き、禁じられています。
本書の内容を無断で商品化・販売等を行うことを禁じます。

©Tama Nakagawa 2025 Printed in Japan
ISBN 978-4-259-56833-7 C0077